丛书编委会

丛书顾问：汤贞敏

丛书主编：郑福明　刘景容

丛书副主编（以姓氏笔画为序）：
　　　　　　叶平枝　李麦浪　张　琼
　　　　　　张　博　蔡黎曼

本书编委

彭粤湘　吴玉琼　黄爱民　李冬梅　曾梦菲
曾　婷　马敏敏　吴佩璇　叶　林　陈丽娟
袁江文　郭敏玉　刘玉华　温三妹　李岱玲
刘金萍　郭俊清　朱艳绵　林　静

插　画

旷　野　范建平

写给爸爸妈妈的教育丛书

写给爸爸妈妈的教育故事

艺 术

主　编：蔡黎曼　官颖柔
副主编：吴冬梅　黄润娟　韩秀云

广东高等教育出版社
Guangdong Higher Education Press
·广州·

图书在版编目（CIP）数据

写给爸爸妈妈的教育故事．艺术／蔡黎曼，官颖柔主编．—广州：广东高等教育出版社，2017.3

（写给爸爸妈妈的教育丛书／郑福明，刘景容主编）

ISBN 978-7-5361-5758-3

Ⅰ．①写… Ⅱ．①蔡… ②官… Ⅲ．①学前教育-家庭教育 ②艺术-学前教育-教学参考资料 Ⅳ．①G781 ②G613.6

中国版本图书馆CIP数据核字（2016）第253828号

广东高等教育出版社出版发行
地址：广州市天河区林和西横路
邮编：510500　电话：（020）87553335
网址：www.gdgjs.com.cn
南方医科大学广州广卫印刷厂印刷
787毫米×1 092毫米　16开本　13.5印张　170千字
2017年3月第1版　2017年3月第1次印刷
定价：40.00元
（版权所有，翻印必究）

总　序

百年大计，教育为本。学前教育是国民教育的基础，关系着千万幼儿的终身发展。2010年11月，国务院印发《关于当前发展学前教育的若干意见》，将发展学前教育摆在重要位置，立足解决"入园难、入园贵"问题，提出坚持公益性和普惠性，构建覆盖城乡、布局合理的学前教育公共服务体系，为适龄幼儿提供基本的、有质量的学前教育。经过2011—2013年第一期学前教育三年行动计划的实施，各地以多种形式扩大学前教育资源，学前教育学位大幅度增加，"入园难、入园贵"得到有效缓解。2014—2016年，各地积极实施第二期学前教育三年行动计划，绘制公益、普惠、优质的学前教育发展蓝图，重在优化学前教育布局结构，提升学前教育质量水平。2012年10月，教育部印发《3—6岁儿童学习与发展指南》（以下简称《指南》），为提高学前教育质量提供政策指导，并于2013年部署一年一度的学前教育宣传月活动，意在利用多种形式加大《指南》宣传贯彻力度，促进学前教育优质发展。这一系列政策保障和指引，无疑是政府对发展学前教育重视的体现，学前教育科学发展的"春天"可谓正当时。

《指南》不局限于为教师提供专业引领，同时也为家长育儿提供科学指引，旨在"指导幼儿园和家庭实施科学的保育和教育，促进幼儿身心全面和谐发展"，"帮助幼儿园教师和家长了解3—6岁幼儿学习与发展的基本规律和特点，建立对幼儿发展的合理期望，实施科学的保育和教育，让幼儿度过快乐而有意义的童年"，为学前教育发展营造科学、宽松、和谐的社会环境。与《指南》同步发行的除了教师读本以外，还有专为家庭设计的家长宣传册，分门别类、简明扼要地为家长总结科学育儿的教育理念精华和适切的教育建议。这说明学前教育的重心正从单纯的幼儿园全权负责向家园合力共育的合理方向转变，家庭教育对学前幼儿健康成长的重要性得到高度关注。

　　《指南》颁布以来，全国各地对《指南》深入解读并积极组织培训，将《指南》所倡导的理念和教育指导建议落实到具体的幼儿保教过程中，取得了显著效果。然而，我们也发现，围绕《指南》的解读和培训主要是面向幼儿园教师，面向家长的培训力度和取得的成效相对薄弱。而作为"幼儿的第一任教师"，家长具有幼儿园教师所不可替代的作用。部分家长的"高期望，低管教"，不仅直接制约幼儿的健康发展，也间接影响到幼儿园的保教活动。许多幼儿园反映，幼儿园保教之所以不能充分地、科学地实施《指南》，主要是受到家长观念和需求的影响。鉴于家长的重要影响力，2012年2月，教育部印发《关于建立中小学幼儿园家长委员会的指导意见》，提出"中小学生和幼儿园儿童健康成长是学校教育和家庭教育的共同目标"，家长委员会要充分参与到学校和幼儿园管理及教育工作中，做好家庭和学校、幼儿园共育的沟通工作。2015年10月，教育部印发《关于加强家庭教育工作的指导意见》，指出了家庭教育在儿童终身教育和发展中所起的重要作用，分析了当前家庭教育中存在的认识不到位、水平不高、重知轻能等一系列问题，要求家长履行家庭教育责任，严格遵循儿童身心发展规律，更新教育观念，掌握科学的教育方法，为儿童提供合适的成长环境，科学育儿，提高家庭教育水平。确实，家庭是儿童教育环境的重要组成部分，家庭教育的优化是教育科学发展的重要环节，儿童的教育是家庭和学校的共同责任。在教育部这两份"指导意见"的指导下，2016年1月，广东省教育厅印发《关于进一步加强中小学幼儿园家长委员会建设的通知》，凸显家长委员会在中小学、幼儿园教育中的重要作用，进一步明晰学校或幼儿园、家长委员会及家长学校的关系，要求规范家长委员会建设，充分发挥家长委员会参与教育的积极作用，学校、幼儿园作为家长学校要对家庭开展科学家教知识宣传工作，形成效益最大化的家校、家园教育合力。

　　近几年，从国家到地方，各级政府及教育行政部门充分认识到对幼儿实施科学保教需要家园共同努力和通力配合，以各种途径宣传科学育儿的正确理念和方法，为此也制定各项政策以规范幼儿园和家庭教育行为，为提高学前教育质量和水平提供了较为健全的保障。为促进学前教育各项政策措施得到充分贯彻落实，特别是促进《指南》与家庭教育有效融合，广东省教育厅于2015年设立"学前儿童家庭贯彻《3—6岁儿童学习与发展指南》的家长工作策略研究"项目，由广东省教育研究院和华南师范大学组织的学前教育和家庭教育领域专家团队牵头，共同研究《指南》指导家庭教育的有效策略，帮助家庭实现科学育儿。以教育源于生活的原则，研究团队发动全省幼儿园和幼儿家长参与课题研究，征集真实的家庭教育案例，加以专家点评，编辑成"写给爸爸妈妈的教育丛书"，以助广大家长正确理解《指南》精神，提高家庭科学育儿水平。

　　本套丛书案例来源于真实的家庭教育故事，立于《指南》观念的科学分析，将晦涩的教育理论和概念化的教育方法生活化、趣味化、具体化，降低了家长解读和贯彻《指南》的难度。不难发现，本套丛书呈现出以下三个基本特征。

首先,素材源自家长。家长是儿童成长中的第一任教师,家长的育儿观念和方法影响儿童一生的发展。提升家长科学育儿水平,基于家长真实教育行为的分析最具说服力,也最能引起大部分家长的共鸣。基于这一认识,在广东省教育厅支持下,研究团队在全省各地幼儿园发动家长结合自己的育儿经历撰写教育故事,最终收集到900多个真实的家庭教育案例。依据代表性、典型性和科学性原则,研究团队对所收集的教育故事细致地加以分析和梳理,从中选取出200多个典型家教案例。在此基础上,从家园共育的角度出发,对应于幼儿园中健康、语言、科学、艺术、社会这五个领域的教育内容,研究团队对这些教育故事进行分类,按领域组织权威专家编写成丛书。丛书的每一个篇章均以征集的实际家庭教育故事为素材,这些故事生动、具体、形象,真实体现了家长在家庭教育过程中的经验、遇到的问题和困惑,也展现了家长的方法和感受。这些来自家长的"原汁原味"的故事,更能引起广大家长的共鸣,是平常生活中家庭教育较为普遍存在的案例,对于大部分家庭来说也更具有借鉴意义。

其次,分析源自专家。丛书所选取的家庭教育故事,客观上说,每一个故事都只能体现一个家庭的经验,但所有的故事都不同程度地反映出亲子互动过程中某一方面的本质,对其他家庭有一定借鉴意义。研究团队对每一个故事中家长的经验感受都进行了"故事分析",力图从教育学、心理学和家庭学等多学科的角度,揭示其中所蕴含的教育原理、存在的教育误区等,以便更多的家长能看出其中的教育"门道"。丛书编撰专家为广东省学前教育、家庭教育领域知名专家,对学前教育的先进理念和实践、国内国际发展趋势及《指南》有透彻的理解和丰富的见解。他们的理论分析和点评紧密结合《指南》,深入浅出,能帮助更多的家长"知其然",更"知其所以然",进而树立正确的儿童观、发展观和教育观。这也是儿童家长提升素质和科学育儿的基础。

最后,感悟源自读者。每一位儿童都是独一无二的个体,每一位家长都有自己独到的理解和能力,每一个家庭都有自己独特的故事。任何一个家庭都不能简单复制或照搬其他家庭的经验和做法,但是,"他山之石,可以攻玉",家庭教育有其自身规律,正如给幼儿多一次锻炼的机会,幼儿就会有多一点的发展一样,作为家长,多一分交流与学习,就会多一分成熟。为此,结合每一篇家庭教育故事及专家分析,丛书提出了与该故事主题相应的"教育建议"。这些"教育建议",立足于幼儿学习"生活化"和"游戏化"的基本特点,列举了一些能够有效帮助和促进幼儿学习与发展的教育途径与方法,为遇到相似情况的家庭提供教育参考和借鉴。但是,没有一种方法能够穷尽所有,没有一条建议能适用所有的家庭,这需要家长根据对孩子的了解做出科学的判断和合理的选择。"知子莫若父",只有父母才最了解自己的孩子,也只有朝夕相处的家庭成员才能最好地彼此了解。只有"适合的才是最好的",这对于家庭教育也同样适用。因此,读者要结合自己的实际,通过"自我反思",通过与其他家长和专业人士的进一步交流探讨,逐渐感悟出最适合自己的教育途径和方法。

"写给爸爸妈妈的教育丛书"是对《指南》的深刻解读,站在家庭尤其是父母的角度做深入的专业分析,是学前教育相关政策得以落地的有力保障。我们寄希望于本套丛书可以最大限度发挥指引功能,于家长有所裨益,轻松"消化"《指南》,营造同心协力、科学育儿的家园共育氛围。德国哲学家雅斯贝尔斯在《什么是教育》一书中写道:"教育的本质意味着一棵树摇动另一棵树,一朵云推动另一朵云,一个灵魂唤醒另一个灵魂。"我们希望这套丛书,能用一个家长的教育故事启迪另一个家长的教育智慧,用一个家长的教育故事促进另一个家长的教育反思,用一个家长的教育故事提升另一个家长的教育素养。通过全体家长的育儿专业成长,使幼儿受益、家庭和谐、民族兴旺。

于广东省教育研究院

2016年4月9日

有效陪伴，同步成长
——献给爸爸妈妈们

父母将孩子带到这个世界上，都会希望孩子健康、快乐地成长。孩子成长过程中的每一步，都离不开父母的物质、时间和情感的投入。无论贫富，每一位父母都会给自己的孩子各种不同的礼物：或许是一件孩子期盼已久的小玩具，或许是一本精美有趣的图书，或许是一次烛光生日晚会，或许是一趟亲子外出旅行……然而，在所有的礼物中，陪伴却是父母给孩子最好的礼物。

陪伴就是花时间和孩子在一起。没有陪伴，就谈不上家庭教育。陪伴看似简单，但怎样才能有效地陪伴孩子？孩子需要怎样的陪伴？其中有很多值得父母们关注的学问。"写给爸爸妈妈的教育丛书"会给我们带来这样的一些启发。

陪伴：别让它成为孩子的奢望

孩子需要父母的陪伴，这看似理所当然的礼物，却有很多孩子得不到它。由于各种原因，许多孩子从童年开始，就没有得到他们所需要的父母陪伴。据统计，我国有6 100多万留守儿童，占全国儿童的21.88%，其中有近1 000万儿童一年都见不到父母，有1 500多万留守儿童每年与父母联系的次数不超过4次。① 父母的陪伴成了这些留守儿

---

① 全国妇联课题组. 全国农村留守儿童、城乡流动儿童状况研究报告［J］. 中国妇运，2013（6）：30-34.

童生命中的奢望!

2016年春节长假结束后的一则新闻,报道了一位母亲与儿子分离时的情景:40多岁的植大姐不得不离开家乡返回工作岗位,但她7岁的孩子峰峰却十分舍不得妈妈离开。临别前,孩子一直拉着妈妈的手不放,嘴里哭喊着"你们不能这样对我"。新闻中,峰峰一直哭号着不肯让妈妈走的举动其实不难理解。对于孩子来说,父母给予的物质上的满足,远不如陪伴更重要。刚刚和父母亲近了几天,却又不得不眼看着父母将自己抛下,外出工作。看着别的孩子平时都有父母的关爱,而自己却只能一年到头盼望这短短的几天和父母团聚。

以上的情形并不只是发生在农村的留守儿童身上。无独有偶,在重庆工作的申先生今年41岁,女儿和妻子生活在成都。6岁的女儿在"爸爸的成绩单"中,给了爸爸60分,其中在"生日不在""玩手机""演出没来看我"等项目上都打了"×"。① 许多城市中的孩子也常会困惑:"爸爸去哪了?"

以上两个悲情的故事,不仅是城乡家庭中父母陪伴缺失的缩影,无疑也折射出了孩子对父母陪伴的渴望。孩子缺乏陪伴的情形多种多样:有可能是父母生而不养、由祖辈或保姆代为抚养,也可能是父母因为工作忙碌而极少陪伴孩子,还可能是由于其他原因而过早将孩子送入寄宿制学校。

"世上只有妈妈好,没妈的孩子像根草,离开妈妈的怀抱,幸福哪里找。"这首耳熟能详的歌唱出了很多孩子的心声。大量的实证研究表明,缺乏父母的陪伴,较少得到关爱的幼儿,相对缺乏安全感,其语言能力和同伴交往能力较其他同龄的幼儿弱,长大后与父母的情感也较为淡漠。孩子在童年阶段最需要的是父母的陪伴。著名女作家杨沫的儿子老鬼(本名马波)在回忆母亲时说,从事革命事业的母亲对自己的几

---

① 催泪!6岁女儿只给爸爸打60分 陪伴这考题你能及格吗[N/OL]. 临空都市报, 2016-02-25. http://cq.cqnews.net/html/2016-02-25/content_36422381.htm.

个孩子都很少陪伴,致使孩子们的成长充满怨尤,生活平添坎坷。自己从小和母亲也缺乏感情,后来还成了一个"崇尚暴力的人"。因此,为了这份亲情,为了孩子的健康成长,无论多忙,父母都要多给孩子一些陪伴。有父母的地方,才是孩子的天堂。

有效陪伴:不仅仅是花时间和孩子在一起

有些父母意识到陪伴孩子的重要性,也会设法每天抽一些时间陪伴在孩子身边,但是孩子并未感觉到他们的存在,因为这些父母"身在曹营心在汉"。在进行家访时,笔者曾发现,在一个家庭中,4岁的儿子在玩积木玩具,爸爸虽然在儿子身旁,却一直在心无旁骛地玩手机。对于儿子偶尔投过来的求助眼神或脸上表露出来的成功喜悦,爸爸完全无动于衷。这种陪伴并不是孩子需要的有效陪伴。

那么,怎样才是有效陪伴呢?

有效陪伴是对孩子的关注。陪伴不只是花时间陪在孩子身边。父母在陪伴孩子的过程中,要及时关注孩子的需要和状况。关注就是给予关心、注意和及时的积极回应。父母给孩子的一个眼神、一个微笑、一个手势、一句赞许、一声安慰、一个拥抱,这些都是回应。孩子有需要时,爸爸也可能马上回应:"我没空,找你妈妈去!"这是回应,但却是消极的回应。这种消极的回应只会给孩子带来沮丧的感受。当孩子有了父母的陪伴,能得到父母及时的关注和回应,他们心里就知道,如果遇到困难,父母会提供帮助;如果心中有一份喜悦,也能够和父母分享。这样,孩子内心就多了一份舒畅,增添了一份安全感。但是,我们也发现,有些父母会走向另一个极端,他们总是紧紧盯着孩子,生怕孩子遇到什么问题,而当孩子一遇到问题,他们就迫不及待地为孩子解决。这种过度关注,会使孩子产生一种依赖感。因此,有效陪伴不仅仅是关注,更不是简单地满足孩子的要求,它还有更深层次的内涵。

有效陪伴是给孩子思考的机会。每一个个体在成长的过程中,都与周围的人相互依存,同时,又都希望有自己独立的空间。孩子的成长也遵循同样的规律。孩子的快乐,来自父母的肯定和赞赏,更来自自己在探索过程中满足好奇的需要。在幼儿阶段,孩子总是有无穷无尽的"为什么"。有位妈妈给孩子讲《灰姑娘》的绘本故事,讲完之后,孩子问:"深夜12点钟,马车等都变回去了,为什么水晶鞋没有变回去呢?"这是妈妈也没有预想到的问题。但是,妈妈很高兴地表扬了孩子,并说:"对啊,如果水晶鞋也变回去了,那故事会是怎样的呢?"妈妈接着鼓励孩子改编这个故事。有效的陪伴不是在孩子提出问题时马上给予孩子答案,而是给予孩子更多的思考机会,让孩子在探索中得到自己所希望的快乐。一个快乐的孩子,是一个能自主的孩子,一个学会思考的孩子。

有效陪伴是对孩子的理解。孩子的世界与成人的世界有很大的差异,要有效地陪伴孩子,父母就需要学会蹲下来,从孩子的角度理解孩子的感受和想法。一对夫妇在春节前夕,兴高采烈地拉着5岁女儿的小手逛花市。在人群中刚走了一会儿,孩子便哀怨地向爸爸讨抱。妈妈责怪女儿说:"这么大了还要爸爸抱。"而当爸爸蹲下来准备抱孩子时,才发现原来孩子极目所见的并非琳琅满目的鲜花,而是一双双成人的大腿。爸爸愧疚地把女儿举起来,让她坐在自己的肩膀上。女儿终于满面笑容,因为她也像爸爸妈妈一样看到了美丽的鲜花。只有当父母站在孩子的角度时,才能理解孩子的所思所想,不至于在陪伴孩子的过程中错怪了孩子。当孩子看着雨停后的沙坑两眼发亮时,父母该想的是"我要孩子干干净净的",还是"我要尊重孩子正在拥有对一样事情产生兴趣的快乐"?

陪伴:也是父母成长的过程

孩子在成长过程中不断地发生变化,不仅是身体长高了,随着孩子接触的事物和人越来越多,孩子的心理活动也日渐丰富起来。身为父母的我们会发现,孩子悄然地变得越来越能干。而随着孩子的长大,父母也会不断遇到新的育儿问题,原先的方法可能不再奏效。因此,父母要不断改进自己与孩子沟通、交流的方式和方法。正是在陪伴孩子的过程中，父母与孩子同步成长。

在陪伴中，我们更多地了解自己的孩子。人们只有在相互接触中，才能增进彼此的了解，亲子之间也不例外。也许，当和孩子一起外出旅行时，我们才发现原来孩子很会认路，有很强的空间思维能力；也许，在和孩子一起听完音乐会后，我们才发现孩子可以将听过一遍的乐曲哼唱出来，原来孩子身上还有我们未曾察觉的音乐天赋。在和孩子的交往中，孩子时常给我们带来很多惊喜，彼此有了更多的了解，亲子之间的感情也更加深厚。

在陪伴中，我们学会了更多地欣赏自己的孩子。我们时常觉得孩子弱小、幼稚甚至无能，因此，起初我们什么都为孩子做：喂孩子吃饭，为孩子穿衣，走出户外也总是紧紧拉着孩子的手。孩子想要自己做一件事情时，我们时常用质疑的语气问："你行不行啊？"但是，当孩子渐渐长大，有一天我们放手时，会发现孩子原来完全能够自己吃饭，虽然有时还会掉几颗饭粒在地板上；我们会发现孩子其实自己也能穿衣，只不过偶尔还需要帮助；甚至有一天，我们会发现孩子还能给我们端来一杯清茶……在陪伴孩子的过程中，我们知道原来孩子比我们想象的要能干，我们对孩子的能力也从怀疑变成了欣赏，我们增强了对孩子的信心，自己也收获了很多的快乐。

在陪伴中，我们学会了更好地自我控制。当我们和孩子在一起时，大手拉着小手，小手也拉着大手。我们感受到，自己的言行会影响到子女。而每一位负责任的父母，都希望成为孩子的榜样，成为孩子心目中的偶像。因此，我们可能因为孩子的一个眼神或一句提醒，逐渐摒弃一些陋习，或许是戒掉多年的烟瘾，或许是改掉说话时夹杂不文明用语的习惯，使我们的言行变得更加文明得体。

在陪伴中，我们意识到自己需要不断地学习。没有人天生就是优秀的父母，没有人对任何教育孩子的问题都能给出答案。每一个孩子都是独特的，每一个家庭都有自己的故事。随着孩子的不断成长，原先言听计从的"乖"孩子开始有了自己的独立意识，有了自己的想法，询问的问题越来越复杂，甚至开始和我们争辩。孩子在成长、在变化，我们也同样需要与时俱进，学习更多的知识，学习更多与子女沟通的方法。

爱孩子，有很多种方式，而陪伴是一种永不过时的爱。有陪伴，才谈得上家庭教育。把这份最珍贵的礼物送给您的孩子吧！每天抽出一小时陪伴孩子，听听他的心里话。和孩子沟通时，多一点轻松和幽默，多一点聆听和鼓励。请父母暂时放下自己的事情，用心去感受孩子的内心，关注并重视他的需要，直到产生心灵的共鸣。陪着他，就在当下，可以是共享一本好书、一部好电影、一顿美食、一个游戏…… 只有这样，当生活上的伤害或挫折发生时，孩子才能带着家人的鼓励和爱，更有信心去面对，更从容地接受挑战。只有陪伴与爱，才是孩子成长路上最强大的正能量。

"写给爸爸妈妈的教育丛书"荟萃了3—6岁年龄段幼儿的父母陪伴孩子共同成长的真实故事，其中既有父母的育儿困惑，也有对问题的思考和成功经验的分享，此外，还有不同领域的幼儿教育专家基于对这些教育故事的剖析而提出的具体的教育建议。我们希望，书中的教育故事能引起您的共鸣，也希望其中的教育智慧能给您启迪。我们希望能为3—6岁孩子的父母呈上一份家庭教育的礼物，共同为孩子的健康、快乐成长尽一份力。

丛书编者

2016年6月1日

目 录

让美的种子萌芽 \ 1
　保持一颗童心 \ 2
　生活处处是课堂 \ 8
　身边的艺术 \ 18
　创意源自生活 \ 26
　陪伴是最好的教育 \ 34
　报纸小魔术 \ 44
　感受传统文化之美 \ 52

快乐的音乐之旅 \ 61
　小小班得瑞 \ 62
　张开音乐想象的翅膀 \ 72
　音乐想象空间无限 \ 82
　把音乐融入生活 \ 90
　音乐游戏乐趣多 \ 100
　森林音乐会 \ 110
　兴趣是最好的老师 \ 120
　耐心的小老师 \ 130

M L U L U

自由的涂鸦世界 \ 141
　　色彩的世界 \ 142
　　感受名画的艺术之美 \ 150
　　畅想星空 \ 158
　　享受涂鸦的乐趣 \ 166
　　奇妙的蓝色 \ 174
　　艺术游戏真有趣 \ 182
　　小小蛋糕师 \ 190

让美的种子萌芽

保持一颗童心

贝贝很喜欢唱歌,每次我下班回到家,她都会热情地唱着歌欢迎我。我也会用歌声回应她,感觉一天的疲惫都会因此而消散。

（唱）我的好妈妈，下班回到家，劳动了一天，多么辛苦呀！妈妈，妈妈快坐下，请喝一杯茶……

（唱）谢谢我的好宝宝，妈妈很感动，让我亲亲你吧，我的好宝宝。

让美的种子萌芽

父母经常和孩子一起唱歌、表演，欣赏和回应孩子的哼哼唱唱，赞赏孩子独特的表现方式。

除了爱唱歌,贝贝还喜欢将看过的东西画下来。

"妈妈，看我画的画！"

 "你画的造型真好看，用了蓝色、橙色、黄色……画里有谁呀？"

"是我之前在海洋公园看到的章鱼，它在海里玩……"

 "看得出来它玩得很开心。画得真棒！妈妈给你们照张相，来，1、2、3，茄子！"

父母要尊重孩子自发的表现和创作，并给予赞赏，肯定孩子作品的优点，通过表达自己的感受来引导孩子。

　　每次的建构时间也是贝贝发挥想象力的美好时光,她总会有各种奇妙的想法。

妈妈,我要搭建一个漂亮的花园送给你,里面有好多好多花,妈妈还可以在这里荡秋千。

谢谢我的宝贝,我也有秘密花园了,我要在花园里种下我喜欢的花。

我要把我的小木马也放进去。

让美的种子萌芽

还要放一张小餐桌,我们就可以在花园里吃水果、休息。

还有,还有,爸爸的茶具也要放进来,这样我们就可以一起玩啦!

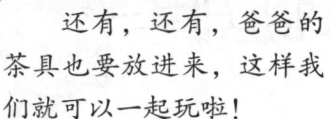

爸爸妈妈要保持一颗童心,留出一定的时间和孩子一起徜徉在想象的海洋中。提供丰富的、便于孩子取放的材料、工具或物品,和孩子一起进行自主绘画、手工、歌唱、表演等艺术活动。

生活处处是课堂

周末,我带着小宝出去玩,正巧家附近的画廊正在举办画展,于是便和小宝走进了画廊,没想到小宝对一些作品有着独特的见解。

妈妈,这幅画像我们去过的地方,我喜欢!

对,有山有水,真漂亮!

妈妈,你看那座山,最高的是爸爸,中间的是妈妈,最矮的就是我。爸爸保护着我们。

原来是这样啊,大山爸爸可真强壮。

哈哈哈!

让美的种子萌芽

当孩子主动讲述自己喜欢的美术作品时,父母要耐心倾听,并给予积极回应和鼓励,还可以引导孩子观察作品的相关元素,如颜色、线条、材质、造型等。

在家里,我有空时会陪小宝一起观看健康、向上的少儿节目。小宝很喜欢进行即兴表演。

妈妈,小丑的手真能干。

对呀,小球在他手上都变活了。一个个连起来,就像摩天轮一样。

妈妈,你看,摩天轮。

哈哈哈,宝宝真厉害,小丑的是大摩天轮,你的是小摩天轮。

等一下我还要表演给爸爸看。

模仿是孩子学习的主要方式,生活中各种模仿学习能为孩子的艺术表达积累经验。模仿学习不等于刻板重复,父母可以给予孩子更多空间,让孩子加入自己的表现方式。

小宝喜欢带着他的小狗到小区公园里玩耍,他总是玩得不亦乐乎。

让美的种子萌芽

妈妈,今天天气真好,我带着小狗去公园里玩玩好吗?

好的,要注意安全,早点回来哦。

（拍手）××｜××｜×××｜
太阳 公公 眯眯 笑,
××｜××｜× - ‖
我们 起得 早。

（拍手）××｜××｜×××｜
太阳 公公 眯眯 笑,
××｜××｜× - ‖
我们 起得 早。

每个孩子都喜欢用自己独特的方式与环境中美的事物进行互动。

13

我们还经常走进大自然、走到郊外、走进公园,感受自然界与生活中美的事物,给孩子美的熏陶。

小花小草长得这么好,把蝴蝶、蜻蜓都吸引过来了。

妈妈,蝴蝶穿着黄色的小外套,还有五彩豆在上面,真漂亮!

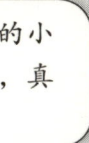

小宝观察得真仔细,我们再看看能找到什么小动物。

妈妈,你快看,这只颜色跟土一样的小动物是什么?

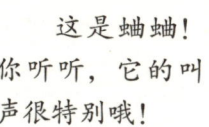

这是蛐蛐!你听听,它的叫声很特别哦!

真好玩,它的声音就像它的名字一样,蛐蛐!哈哈哈!

父母平时应多让孩子接触大自然,引导孩子观察、感受美丽的景色和倾听好听的声音,用语言、动作表达他们的所见所闻。

让美的种子萌芽

　　自从小宝听了蛐蛐的叫声后,他对很多事物的声音产生了兴趣,经常在家里哼起"声音之歌",可有趣了。

小喇叭,叭叭叭,叭叭叭。

小小鼓,咚咚咚,咚咚咚。

小铃铛,叮叮当,叮叮当。

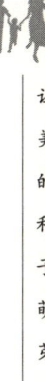

让美的种子萌芽

生活中处处都是课堂。父母可以让孩子倾听和分辨各种声响,引导孩子用自己的方式来表达他对音色、强弱、快慢的感受。

身边的艺术

每次的"家庭日",我们都会在家里做各种好吃的东西。这也是让宝宝锻炼的好机会。

奶奶，您包的饺子像一座座小山。爷爷包的包子像一朵朵花。真好看！

宝宝想不想学啊？奶奶来教你包饺子好吗？

好呀！

先做一张圆圆的、大大的饺子皮，再把肉馅放进去……

让美的种子萌芽

19

生活中处处都蕴含着教育的契机。让孩子和家人一起动手，用面团包饺子、做饼干，能让孩子在热爱生活的同时提高动手能力。

周末的时候,我们全家都会去茶楼喝早茶。在享用美食的同时,我们还会与宝宝玩一些认物的小游戏。

宝宝,你能告诉我们桌上都有什么点心吗?

嗯!圆圆的、像小花的是包子,半圆形的、有花边的是饺子,一段段、白白的是肠粉,黄色的是蛋挞……我说的对不对?

宝宝观察得真仔细,全都说对了。

让美的种子萌芽

21

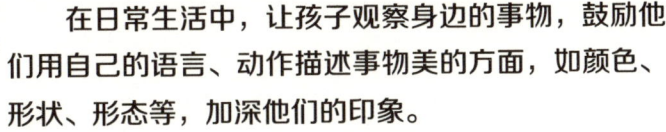

在日常生活中,让孩子观察身边的事物,鼓励他们用自己的语言、动作描述事物美的方面,如颜色、形状、形态等,加深他们的印象。

有了平常喝早茶的经历,宝宝在家里也很喜欢玩过家家的游戏。

奶奶,我们来玩"喝早茶"的游戏好吗?

宝宝,你能告诉我桌上都有什么点心吗?

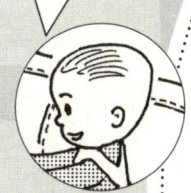

奶奶,点心在这里,请吃面条和流沙包。

哇!宝宝真厉害!居然能用报纸撕成面条,用纸团做出流沙包。

奶奶,快尝尝,好不好吃?

嗯,你做的点心太好吃了!

孩子对事物的感受和理解不同于成人,不要将成人的想法强加在孩子身上,应当鼓励孩子大胆想象与创造,鼓励孩子以物代物,利用各种材料表达自己的想法。

让美的种子萌芽

23

我们还会启发宝宝把生活经验用到画画中。

宝宝，做好的点心放在哪里好呢？

用这些圆圆的碟子装吧。

这是一个好主意。还记得上次我们去茶楼时看到的那些漂亮的碟子吗？

记得，碟子上有图案，有花，还有树叶。

我们也把这些碟子变得更漂亮好不好？

好啊！我要画一些黄色的线，像太阳一样。

好暖和的碟子呀！这样我们都能吃到暖暖的点心了。其他的碟子可以画一些不一样的图案哦！

孩子的想象和创作离不开生活经验。父母可以根据孩子的生活经验，与孩子共同确定表达的主题（如装饰碟子、给小动物设计衣服等），引导孩子围绕主题展开想象，进行艺术表现。

创意源自生活

萌萌有着一头漂亮的长发,在炎热的夏天,长头发经常让她满头大汗。妈妈好说歹说,萌萌才勉强同意将头发剪短。可是,当她看到碎发飘落时,忍不住放声大哭。

萌萌,天气热了,剪完头发很舒服吧?

我就喜欢长头发。呜呜,呜呜……我要我的头发,我要把我的头发接回去……

剪了的头发怎么接回去啊?很快就会长长的。

不嘛!不嘛!现在……就……要!

让美的种子萌芽

每个孩子心中都有一颗美的种子,他们都有自己独特的审美意识。孩子会介意自己的外表、会挑选衣物,说明他们已经初步形成了美的概念。父母应尊重孩子的审美需求,可以用商量的方式,帮助孩子做出适当的选择。

萌萌哭得厉害,让妈妈束手无策。突然,妈妈灵机一动,想出了一个办法,把家里的彩色带子、发卡、橡皮筋找了出来。

"萌萌先别哭,你可以想想办法,妈妈帮你找了一些材料,你自己试试能不能把头发接回去。"

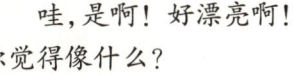

"妈妈,用橡皮筋和发卡都不能把头发接回去,不过我发现这些丝带夹在头发上像长长的头发。"

"哇,是啊!好漂亮啊!你觉得像什么?"

"妈妈,我是花仙子,我有好多不同颜色的、长长的头发。"

让美的种子萌芽

新奇的事物容易引起孩子的兴趣,动手操作也能转移孩子的关注点。当孩子闹脾气时,父母可以充分利用家里的资源,与孩子一起进行创造性的活动。

萌萌不再为她的头发伤心了,而是开心地装扮起自己的头发。妈妈觉得这是一个很好的动手创作机会,于是引导她做出更多的变化。

让美的种子萌芽

你的办法真不错，头发真的接长了。花仙子，你还有什么本领呢？

我会变很多很多花，我的裙子上都是花。

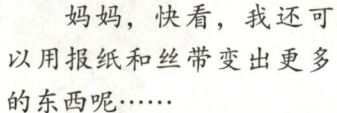

萌萌真棒！

妈妈，快看，我还可以用报纸和丝带变出更多的东西呢……

每个孩子都有创造美的潜能，孩子创造的灵感来源于生活经验。父母要了解孩子的喜好，在生活中萌发孩子对美的感受和体验，帮助孩子在已有的生活经验基础上，发挥想象力，进行美的表现和创造。

当萌萌重新站在妈妈面前时,她真的变身为一个美丽的"花仙子"。头上被她视为长发的丝带,在风中轻舞,五色花瓣缀满衣裙,随着她的舞姿朵朵绽放。

陪伴是最好的教育

宝宝还没出生时,我们常常去听音乐会。

亲爱的，我们一起去听音乐会吧！

好呀，很好奇宝宝在肚子里是不是也能听到音乐。

当然可以，20周的胎儿已经发展出听觉了。

太好了，那我们就把听音乐当成胎教吧。

音乐教育从胎教做起。妈妈怀宝宝时可选择一些舒缓、优美的曲子调适情绪。艺术教育源于生活，父母是孩子的第一任老师。

让美的种子萌芽

当宝宝3岁时。每天的水果餐时间就是我们的艺术畅想时光。

妈妈，快看，快看，月亮姐姐！

哇！真是月亮姐姐呢，宝宝真棒！你觉得盘子里的这些柚子还像什么？

像小船！

那我们一起坐在弯弯的小船里划呀划，划呀划。

像妈妈笑笑的嘴巴。

是啊，像妈妈开心的样子对吗？

让美的种子萌芽

怀着一颗童心，做一个善于启发和引导的家长，让孩子插上想象的翅膀自由翱翔。

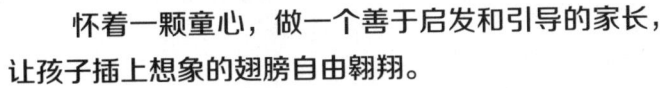

　　每天带孩子散步的时候,我们的亲子音乐会也随时拉开序幕,通过问候歌等音乐游戏,培养宝宝对音乐的兴趣。

有时,我们也会带宝宝一起去听音乐会,在开始前和宝宝共同约定观赏音乐会的规则。

宝宝,怎样当一个文明的观众,而不会影响别人演奏和欣赏音乐呢?

认真听,不吵闹!

宝宝真是个文明的小观众!

通过参加音乐会,帮助孩子建立秩序感,培养孩子的社交礼仪。父母的言行起着潜移默化的示范作用。

音乐会上,宝宝表现得异常乖巧,全程都安静地坐着听,即使忍不住要说话,也是趴在我耳朵边上小声地说。

「妈妈，我尿急！」

「我们先去尿尿吧。」

「尿尿完之后，我们还要回来听哦！」

「好好好！」

让美的种子萌芽

每个孩子心里都有一颗美的种子。父母可以创设条件，让孩子接触多种艺术形式和作品，让这颗美的种子发芽、开花、结果。

报纸小魔术

家里有很多废旧报纸,我和宝宝玩起了报纸魔术。

宝宝,看妈妈把报纸撕成了长条,像什么?

像小老鼠的尾巴。

那我们把"尾巴"夹在裤腰上,玩"揪尾巴"的游戏吧,看谁能保护好自己的"尾巴",不让别人揪下来。

妈妈,我觉得这根报纸长长的,还像面条。

那我们来比赛,看看谁撕的面条又细又长,好吗?

好,原来旧报纸这么好玩呀!

要均匀地撕出报纸条,需要手指的协调。撕纸条不仅能锻炼孩子的手指精细动作,也启发了孩子的想象力。

除了撕报纸,我们还用报纸搓成小球,蘸上颜料,在纸上"变"出各种各样有趣的图案。

宝宝，你会把报纸变成小球吗？

团团、搓搓、捏捏，妈妈您看，报纸小球变好了。

用报纸小球蘸上颜料，印在纸上，你看像什么？

像小花，像毛线团，像小猫的脚印，像棉花糖……还有一条一条的纹路，真漂亮！

宝宝真聪明，我们一起用报纸小球印出更多有趣的东西吧。

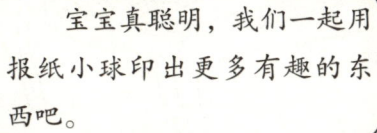

好！

除了废旧报纸，生活中很多随处可见的材料都可以变成绘画的工具。

让美的种子萌芽

我们一起用报纸"变"出自己喜欢的衣服。

妈妈,您为什么把报纸对折撕开一个洞呢?

猜猜看?你觉得可以把什么伸进这个洞里?

哈哈,妈妈这是要给宝宝做衣服吗?宝宝穿衣服,大头钻进大洞洞。

是的,那宝宝想要一件什么样的衣服呢?

妈妈,我想要孙悟空的披风,还有蜘蛛侠的衣服……

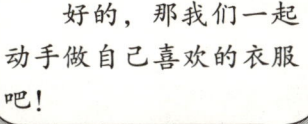好的,那我们一起动手做自己喜欢的衣服吧!

太好了!

让美的种子萌芽

利用生活中的废旧材料进行手工活动,有利于培养孩子的动手能力和创造力。

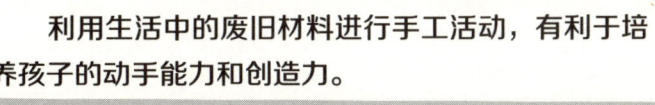

我们把报纸"变"成毽子,宝宝可以和小伙伴一起玩踢毽子游戏。

妈妈,报纸可以撕成尾巴、撕成面条,还可以撕成毽子的羽毛。

真的呀,那你撕好毽子的羽毛,我来帮你缝成毽子吧!

好的,妈妈,您为什么缝两个毽子?

你愿意送一个毽子给你的小伙伴吗?

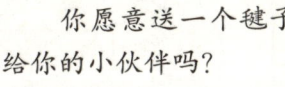

对,对,对,我要送给小云、迪迪,和他们一起玩,还要告诉小伙伴们,废旧报纸作用大,好玩又好用。

让美的种子萌芽

可以让孩子尝试用撕、粘、缝等方法创造简单的玩偶造型,并运用剪贴、添画结合的方式表现它们的外形与功能。在这样的"变"的活动中,孩子能把自己的生活体验和热爱生活的情感转化为具体、可视、可感的视觉形象,发展动手能力、创造能力和审美能力。

感受传统文化之美

牛年到了,我们一家决定牛年话"牛",收集一些牛年的信息。大年初一早上,我们互相拜年,说与牛有关的吉祥话。

牛年到，祝爸爸妈妈牛年快乐！

祝宝宝牛年大吉、牛气冲天！

祝宝宝牛角挂书，牛年行大运！

4岁左右的孩子对新鲜事物的求知欲非常强烈，总会在无意中创作一些新玩意，这正是孩子想象与创作的萌芽。

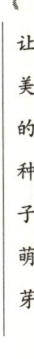

让美的种子萌芽

上午,一家三口"各显神通"。看,都是和牛有关的作品。

宝宝看,爸爸写的"牛气冲天"怎么样?

爸爸妈妈看,我做的小牛灯笼是不是很棒?

哈哈,爸爸和宝宝都很"牛",来来来,吃牛肉火锅了!

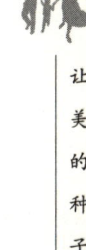

社会文化生活中蕴含着丰富的艺术资源。如年画、挂历、对联等都蕴含着艺术美。在探索这些美的元素的过程中,父母与孩子不仅能够感受浓郁的新年气氛及亲子情,还能够了解中国传统文化之美。

下午的茶点时间,美味的点心让宝宝有了新的灵感。

爸爸妈妈快看,我把一块圆形饼干掰成两半就做出牛角来了。

宝宝,还可以给爸爸妈妈变点什么吗?

看,我在牛的身上涂点果酱,这只牛变成奶牛了。

宝宝真棒!

让美的种子萌芽

生活中的许多物品都是孩子的创作材料。有时候孩子并不是在捣乱,而是在发挥着自己的创意,只要不是浪费,父母应该给予充分的理解。当孩子主动介绍自己喜爱的作品时,父母要耐心倾听并给予积极回应和鼓励。

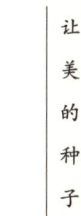

创想、创意就在一瞬间。晚上的洗漱时间也成了我们亲子创作的时间。

妈妈,镜子上的图案真漂亮,我想在墙上也贴一些喜欢的图案。

我们可以用方块彩纸来拼贴图案。

真棒!年年有鱼(余)。看,爸爸拼了一个灯笼,大红灯笼高高挂!

让美的种子萌芽

创造机会和条件,支持孩子自发的艺术表现和创造。如在家里设置专门的涂鸦区,父母可以和孩子一起在涂鸦区上绘画或者做手工小游戏。

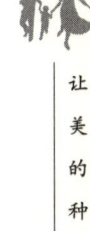

快乐的音乐之旅

小小班得瑞

孕期中,妈妈给肚子里的宝宝听班得瑞的音乐。

宝宝，你听，溪水哗啦啦地流着，多好听啊。

咦，小鸟也唱起歌来了，叽喳叽喳。

胎教音乐的熏陶能给孕妇与胎儿带来美的感受，开启想象的大门。

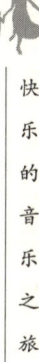

快乐的音乐之旅

几个月后,宝宝出生了。妈妈每天最开心、最甜蜜的时刻,就是与宝宝聊天的时刻。

一转眼,宝宝已经两岁多了。每天晚饭后的音乐时光,也是我们亲近、交流的时间。

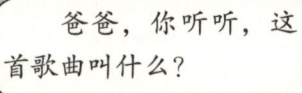

爸爸,你听听,这首歌曲叫什么?

现在播的是《童年》。

爸爸,童年是什么?有什么?有小鸟吗?有流水吗?有小虫吗?

宝宝,《童年》里有小溪,有小鸟,有小树,还有……

我知道,还有月亮、太阳,还有……哈哈。

回归童心,父母与孩子一起插上想象的翅膀,感受音乐情境。

快乐的音乐之旅

很快,宝宝已经上小班了,但我们一直保留着每天的音乐时光。

爸爸,《童年》是用钢琴弹奏的吗?

对啊,除了钢琴弹奏,还有长笛、黑管。你听,这是钢琴的声音,这是长笛的声音,这是黑管的声音。

爸爸,黑管、长笛是什么样的?

来,爸爸找图给你看看。

学会倾听,和孩子一起分享音乐的意境,在欣赏中满足孩子的好奇心,并且帮助孩子认识新鲜事物。

快乐的音乐之旅

晚饭后,我们一边听音乐,一边聊天,分享开心的事。

爸爸，妈妈，今天我给班上的小朋友听了这张碟的音乐，讲了这张碟的故事。

哦，什么故事？

我告诉他们，班得瑞的作曲家在森林里看到下雪，所以才写了《雪的梦幻》。

看来，我们的宝宝是小小班得瑞，真厉害！

父母的积极回应和鼓励会让孩子心情愉悦，更加享受音乐的美妙。

张开音乐想象的翅膀

孕期中,妈妈喜欢听轻音乐。

亲爱的，我发现你怀孕之后特别喜欢听轻音乐。

是啊，听轻音乐的时候，仿佛置身于大自然，轻风习习，鸟语花香，整个人都很轻松。

希望这种宁静致远的感觉也能传递给我们的宝宝。

轻音乐能有效调节人们的情绪，使人们保持心情愉悦。

快乐的音乐之旅

一有空,妈妈就会在家里播放轻音乐,和肚子里的宝宝一起欣赏美妙的音乐。

宝宝,你喜欢听这些轻音乐吗?每次听轻音乐的时候,你都好安静、好乖巧。

不知道你出生后,还会记得这些音乐吗?

胎儿在胎龄6个月后就开始记忆听觉信息,反复倾听音乐,与肚子里的宝宝分享音乐感受,宝宝出生后就会对这些旋律感到熟悉。

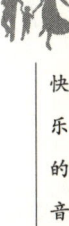

快乐的音乐之旅

宝宝出生后,我们每天都会安排时间一起聆听轻音乐。

亲爱的,我发现宝宝哭闹的时候,给他听轻音乐,他很快就能安静下来。

对啊,而且在听轻音乐时,宝宝还会手舞足蹈呢!

快乐的音乐之旅

孩子对自己胎儿时期听到的音乐有"再认"能力。

宝宝开始咿呀学语了,他对轻音乐的曲名表现出了极大的兴趣。到4岁时,宝宝能准确辨认几十首轻音乐的曲目,并将它们与旋律一一对应。

妈妈,这首曲子叫什么名字?你能写给我看看吗?

可以啊,这是班得瑞的《雪的梦幻》。

妈妈,你能不能把曲目按播放顺序都写给我看?

好啊!

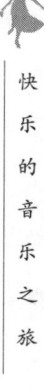

快乐的音乐之旅

支持孩子对音乐的兴趣和好奇,让求知成为孩子的内在需要,在轻松愉悦的氛围中自主习得知识。

　　在日常生活中,宝宝常常触景生情,联想到自己听过的音乐,想象音乐中的情境。

妈妈,这里有好多白色的泡沫,好像在下雪,班得瑞的作曲叔叔肯定在森林里也看过下雪,所以才写了好听的《雪的梦幻》。

那在《变幻之风》里,你听到了什么?

我听到大风呼呼地吹,风里还有花的香味……

鼓励孩子表达自己对音乐的联想,让音乐为想象插上翅膀,自由翱翔。

快乐的音乐之旅

音乐想象空间无限

我很喜欢听音乐,常常在家里播放各种音乐。每当我播放音乐时,宝宝总喜欢坐在我大腿上,和我一起听。

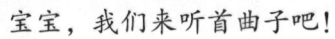

宝宝,我们来听首曲子吧!

妈妈,这曲子真好听啊!轻轻的,好温柔!

宝宝好棒哦,那我们再来听一首吧,你觉得这首怎样?

这首好欢快啊!我好想要跟着一起跳舞。

快乐的音乐之旅

音乐具有强烈的感染力,父母的音乐偏好会潜移默化地影响孩子的音乐偏好。父母可以为孩子选择适宜的、形式多样的音乐作品,丰富孩子对音乐的感受和体验。

聆听音乐的过程，也是我和宝宝奇妙的音乐想象之旅。

宝宝,听着这首轻柔的乐曲,妈妈想到了安静的大海,你想到了什么呢?

我想到了大森林,森林里有很多树,很安静,我在森林里睡着午觉,睡得可香了……

妈妈好像也看到了,我和宝宝一起在森林里睡午觉!

抽象的音乐给予孩子无限想象的空间。

快乐的音乐之旅

不同风格的音乐给我们带来不一样的感受。

这首和刚刚那首完全不一样呢,很欢快。

我觉得是在一个很漂亮的广场上,有闪闪的彩灯,很多人在开心地跳舞。

宝宝,你真是太有创意了!

父母可以创造机会让孩子接触不同类型的音乐,引导孩子用自己的方式来表达对音乐的感受。

快乐的音乐之旅

除了聆听,我们还会一起将想象的音乐画面画出来。一开始宝宝总说不会画,但慢慢地,宝宝越来越有自己的想法。

宝宝,我们一边听音乐,一边把刚刚想到的画下来好不好?

好啊,可是怎么画呢?我不会……

没关系,我们可以用不同的线条和色彩表现这两首乐曲,不一定要像什么,把感受画出来就可以了。

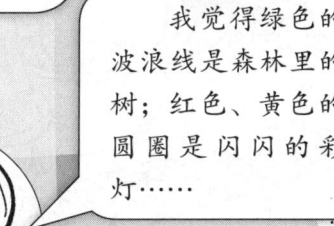

我觉得绿色的波浪线是森林里的树;红色、黄色的圆圈是闪闪的彩灯……

这些想法都好棒啊!

我们不需要教孩子如何画,而是要让孩子喜欢画画。当孩子说"不会画"时,父母不要马上握着孩子的手帮他画,而要给予他更多鼓励,让孩子用符号代表物体,给孩子提示性的引导,逐步培养孩子绘画的自信心。

快乐的音乐之旅

把音乐融入生活

丽丽喜欢在家里唱她学过的儿歌。家里养了一只小乌龟,丽丽很喜欢和它玩,总会为它哼唱专属的"主题曲"。

丽丽不是第一次给小乌龟洗澡,我担心她很快会对这项小任务感到不耐烦,所以加了一些"调味剂"。

丽丽,我们要开始给小乌龟洗澡了,你来给它唱首洗澡歌吧!

(唱) $\underline{1\ 2}\ \underline{3\ 4}\ |\ 5\ 5\ |$
妈妈 给我 洗澡,
$\underline{6\ 6}\ \underline{\dot{1}\ 6}\ |\ 5\ 5\ \|$
满身肥皂 泡泡。

哈哈!唱得真棒!你做小乌龟的"妈妈",帮它洗澡吧!

好啊,乖宝宝,我帮你洗香香吧!

艺术小游戏可以为枯燥乏味的任务增添很多趣味。父母和孩子一起做家务时,可以加入一些艺术小游戏,提高孩子的劳动热情,如一起唱孩子学过的儿歌、扮演孩子熟悉的角色。

大自然是孩子的乐园。节假日里，我们会带丽丽到农家乐玩，感受和认识大自然之美。

丽丽对农家乐里的一切都充满了好奇。

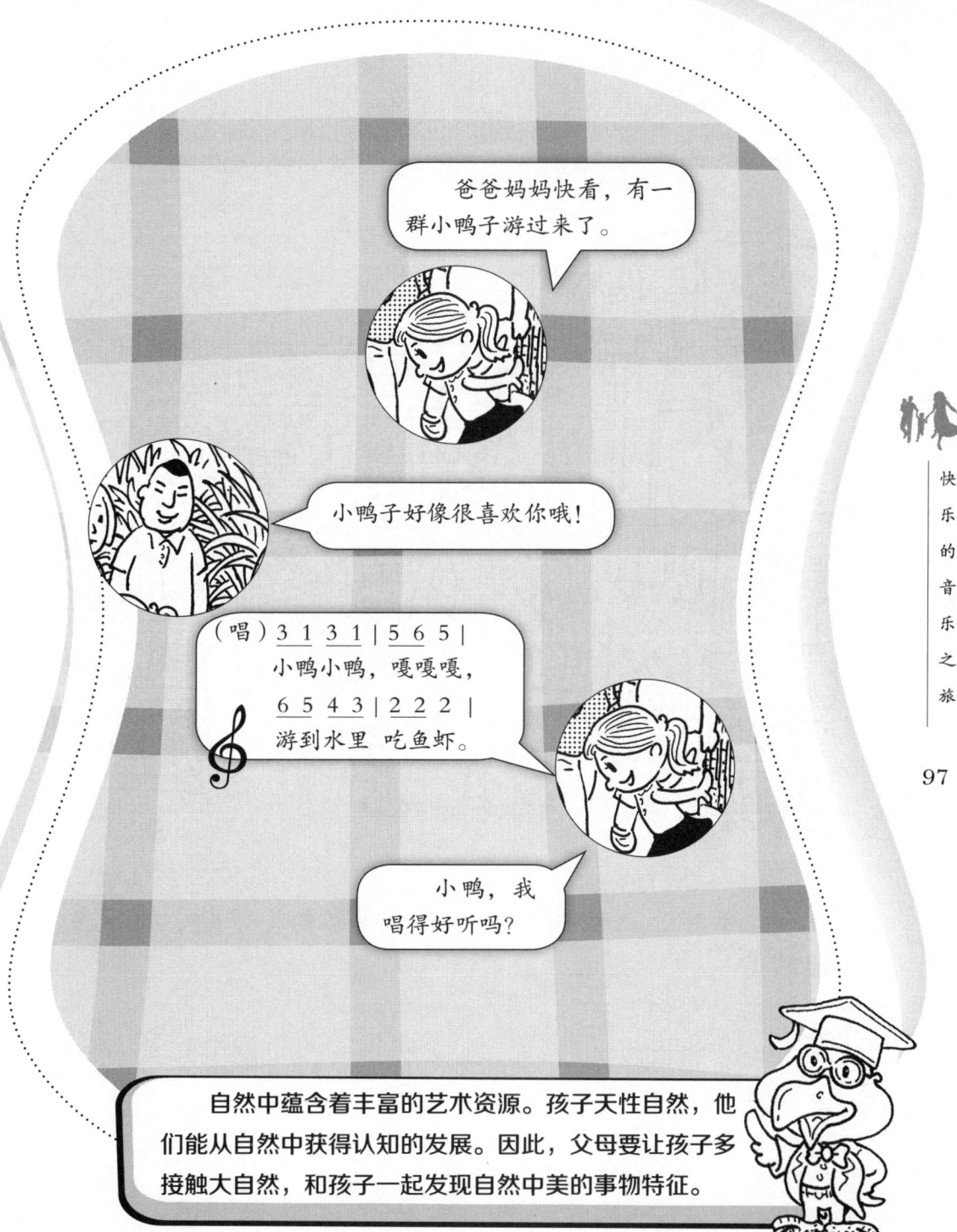

生活中，丽丽也有一双善于观察的小眼睛，发现生活的美。

妈妈,便利商店的瓶瓶罐罐摆得好像一座金字塔,真好看!我们回家也这么摆吧。

这个小朋友好聪明啊!

谢谢姐姐的夸奖!

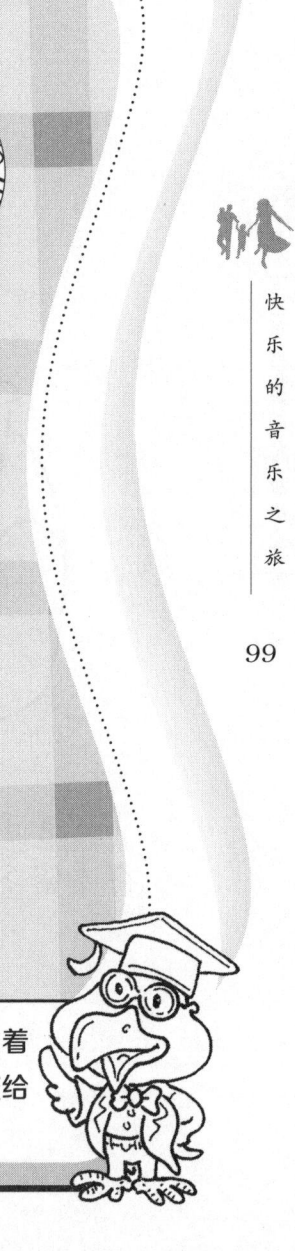

快乐的音乐之旅

父母还可以引导孩子关注生活中美的事物。对着喜欢的事物,孩子会哼哼唱唱、手舞足蹈,父母应该给予理解与鼓励。

音乐游戏乐趣多

音乐游戏是我们家的常规活动,它使我们的生活变得丰富多彩。

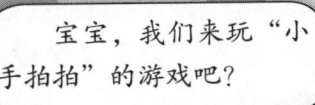
宝宝,我们来玩"小手拍拍"的游戏吧?

好!妈妈一句,宝宝一句。

(拍手) ×××× | ×××× | ×××× | ×—‖
小手拍拍,小手拍拍,耳朵在哪　里?

(拍手) ×××× | ×××× | ×××× | ×—‖
在这里呀,在这里呀,耳朵在这　里。

生活中许多声音都蕴含着节奏感,沙沙的雨声,叽叽喳喳的鸣叫声……父母引导孩子学会聆听,可以在亲子音乐游戏中培养孩子的节奏感。

我们通过角色扮演游戏来学习唱歌。

妈妈,我很喜欢小熊!

妈妈也很喜欢小熊,爸爸还会唱《三只小熊》的歌曲呢,里面有熊爸爸、熊妈妈和熊宝宝。

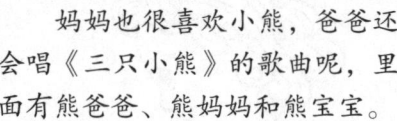
那我是熊宝宝,妈妈是熊妈妈,爸爸是熊爸爸。

好的,我们一起边唱歌边玩游戏吧!
(唱) 1 2 3 4 | 5 5 5 — | 5 5 3 1 | 2 3 2 — |
　　 熊爸爸呀　胖胖的,　熊妈妈呀　瘦瘦的,
　　 1 2 3 4 | 5 5 5 — | 5 5 3 1 | 2 3 1 — ||
　　 熊宝宝呀　真可爱,　我们拉手　转圆圈。

快乐的音乐之旅

父母与孩子可以通过在角色扮演游戏中融入生活情节,学习歌曲,创编歌曲。

到了睡觉时间，我会给宝宝听安静的音乐，如《摇篮曲》，让音乐伴随他进入梦乡。

妈妈,我想边听音乐边睡觉。

好的,宝宝要睡觉了,我们来听听安静的音乐,在轻柔的音乐声中进入梦乡,好吗?

好的,睡觉的时候,我最喜欢听安静的音乐了!

快乐的音乐之旅

105

在日常生活中营造合适的音乐环境,让孩子的生活充满乐韵。

早上起来,宝宝喜欢边穿衣服边唱《穿衣歌》。

喔喔喔，起床了！（唱）宝宝早上 好！

1 2 3 4 | 5 — |

5 4 3 2 | 1 — |
（唱）妈妈早上 好！

妈妈，我要唱《穿衣歌》了。
（唱）5 3 5 3 | 5 3 1 | 2 4 3 2 | 5 5 5 |
　　　一件衣服　四个洞，宝宝 钻进　大洞洞，
　　　5 3 5 3 | 5 3 1 | 2 4 3 2 | 1 1 1 ||
　　　脑袋钻进　中洞洞，小手伸出　小洞洞。
妈妈你看，我的小手伸出小洞洞了！

宝宝真棒，记得把衣服拉一拉，遮住小肚子哦！

将音乐融入生活的每一个角落，通过歌词，引导孩子在歌唱中自然而然地习得生活技能。

送宝宝上幼儿园时,我们会一起唱《我爱我的幼儿园》。

宝宝长大了,要去幼儿园学习更多的本领了,还记得妈妈教你的《我爱我的幼儿园》吗?

当然记得!

（唱）<u>1 2</u> <u>3 4</u> | 5 5 5 | <u>5 5</u> <u>3 1</u> | <u>2 3</u> 2 |
　　　我爱我的　幼儿园,幼儿园里　朋友多。

　　　<u>1 2</u> <u>3 4</u> | 5 5 5 | <u>5 5</u> <u>3 1</u> | <u>2 3</u> 1 ‖
　　　又唱歌来　又跳舞,大家一起　真快乐!

那宝宝喜欢上幼儿园吗?

喜欢,幼儿园里有很多好朋友,我们一起唱歌跳舞很开心。

父母可以用音乐巧妙地帮助孩子安定情绪,让孩子每天都有好心情。

快乐的音乐之旅

森林音乐会

淅淅沥沥的雨中,妈妈一手撑着伞,一手牵着元元,朝着音乐厅走去。

"妈妈,今天小动物们都会来参加森林音乐会吗?"

"是啊,妈妈也很想听小动物唱歌。你想看到哪些动物?"

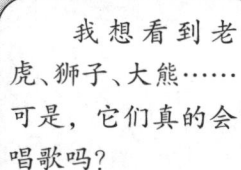

"我想看到老虎、狮子、大熊……可是,它们真的会唱歌吗?"

"音乐会里的小动物都是人扮演的,他们会表演一些很有趣的故事,演奏家会给他们配上好听的音乐。"

快乐的音乐之旅

有条件的情况下,可以带孩子去音乐厅欣赏文艺表演和音乐作品。让孩子接触适宜的、各种形式的音乐作品,可以丰富孩子对音乐的感受和体验。

进入音乐厅,演出马上就要开始啦。

音乐会的第一部分是舞台剧表演。"小动物"遇到危险的场景让小朋友们紧张、担心起来。

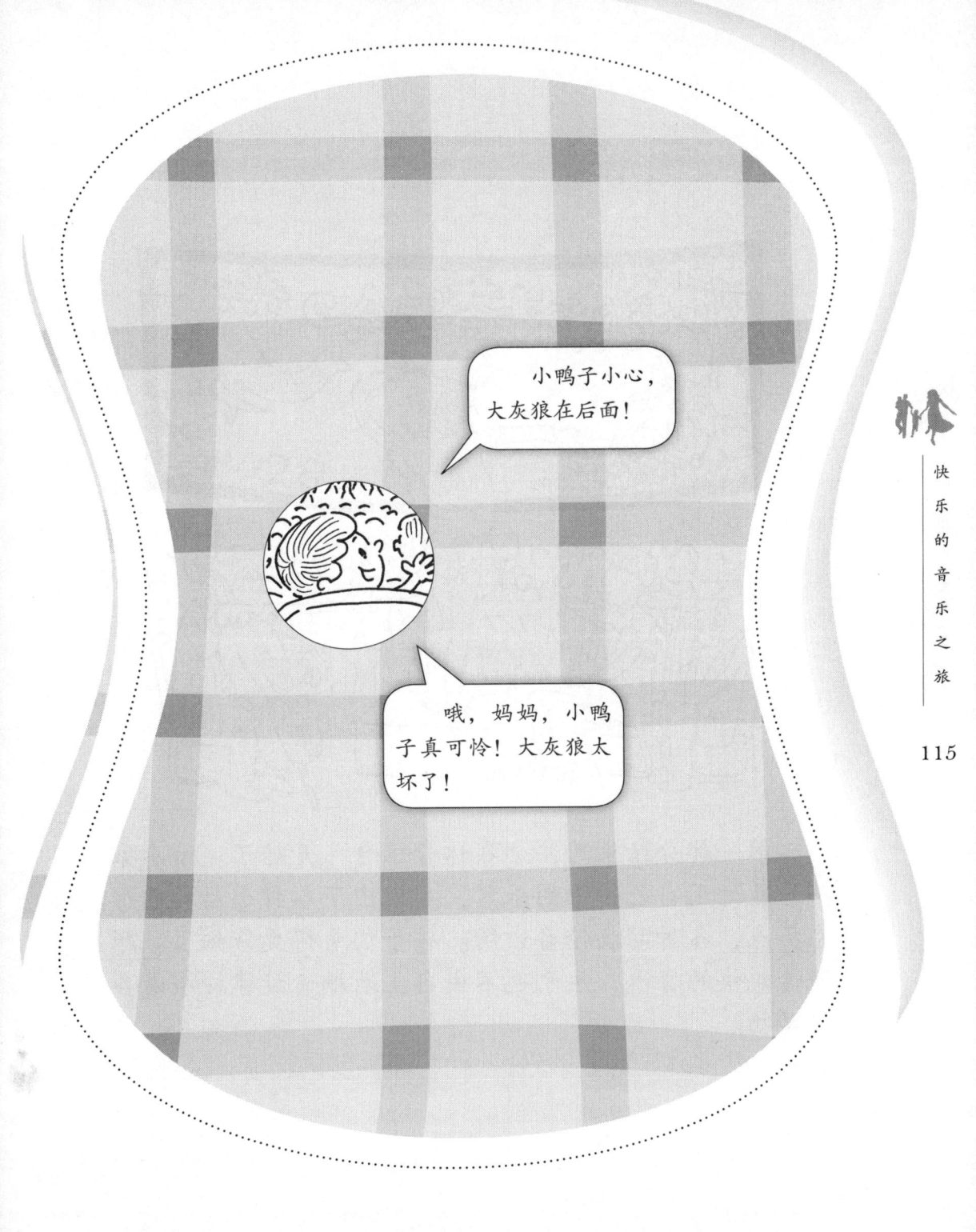

第一部分结束后,"森林音乐会"开始了。演奏家巧妙地运用自己手中的乐器,表现出了各种小动物的形象特点,各种动物轮番出场。孩子们看得更仔细了。跟随着欢快的音乐,元元也不由自主地跟着旋律扮演着各种动物。

妈妈,我是一只在跳舞的小鸭子。

哇,元元真棒!还能跟着节奏一摇一摆地跳!音乐变了,现在谁出场啦?

大象!你看,这是它长长的鼻子。

模仿是孩子学习的方法。孩子喜欢模仿熟悉的事物,父母应理解和尊重孩子在欣赏艺术作品时的手舞足蹈、即兴模仿等行为。

　　散场了,淅淅沥沥的雨中,妈妈一手撑着伞,一手牵着元元,开心地讨论着刚刚结束的音乐会。

元元,你喜欢今天的音乐会吗?

很喜欢!

妈妈也喜欢。妈妈喜欢演奏家的演奏,还有小动物的表演。

我也喜欢小动物的音乐,它们都有自己的音乐,真好听!

每一种乐器发出的声音都是不一样的,所以演奏家会用不同的乐器给不同的小动物配上不同的声音。

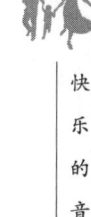

快乐的音乐之旅

生活中,父母可以丰富孩子对声音的理解,如不同动物的声音、不同乐器有不同的音色。

兴趣是最好的老师

爸爸带宝宝第一次逛琴行,第一次接触钢琴。

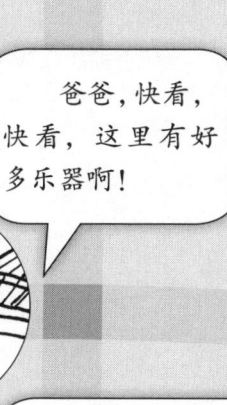

爸爸,快看,快看,这里有好多乐器啊!

宝宝,这是新开的琴行,我们进去看看吧。

(唱) 1 2 | 3 4 | 5 - |
     5 4 | 3 2 | 1 - |

看,这是钢琴,这是小提琴,这是吉他,这是……

快乐的音乐之旅

每种乐器能发出不同的乐声。参观琴行,可以满足孩子的好奇心,让孩子接触新的事物。

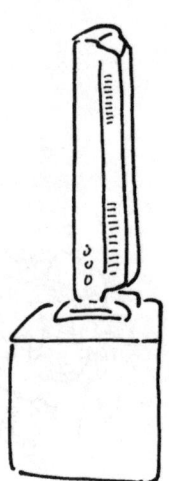

一天,爸爸在观看电影《海上钢琴师》,宝宝也被"斗琴"的场景所吸引,坐下来与爸爸一起观看。

爸爸！这两个人在干什么？

他们在海上斗琴，进行钢琴比赛，比比谁弹得好。

哇，手指好像在跳舞，好精彩啊！

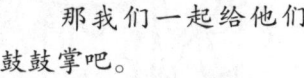

那我们一起给他们鼓鼓掌吧。

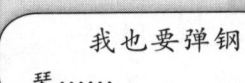

我也要弹钢琴……

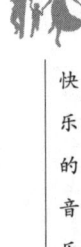

快乐的音乐之旅

创造条件让孩子接触多种形式的音乐作品，丰富孩子的感受和体验。

经过琴行时,宝宝拉着爸爸妈妈的手奔了进去,一直奔到钢琴旁边。

爸爸，妈妈，我要学钢琴，我要学钢琴。

宝宝，你不看看其他的乐器，比如小提琴、古筝吗？

我要像海上钢琴师一样弹钢琴，手指会跳舞。

好的，我们尊重宝宝的选择，报名学钢琴。

快乐的音乐之旅

兴趣是最好的老师。尊重孩子的选择，培养孩子学习的兴趣，是迈出成功的第一步。

宝宝的学琴生涯开始了,她每天都认真地跟着老师学习新的曲子,练习新的弹法。

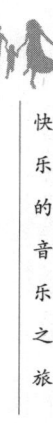

练琴很枯燥,于是爸爸想出了"小手教,大手弹"的亲子练琴方式。宝宝有了教爸爸的动力,练琴也变得认真起来,还将练琴的时间称为"快乐一小时"。

耐心的小老师

　　宝宝1岁多了,特别喜欢唱歌跳舞。只要一听到音乐,他就会手舞足蹈,又笑又唱。

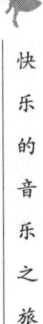

快乐的音乐之旅

一个鼓励的眼神，一句肯定的话语，都会成为孩子学习的动力。

宝宝上幼儿园了,老师夸他是个爱唱歌的小朋友,他也经常回家表演新学的歌曲。

妈妈,我会唱《我爱我的幼儿园》了。

太好了,妈妈好想听你唱呀!

(唱)1 2 3 4 | 5 5 5 |
我爱我的 幼儿园,
5 5 3 1 | 2 3 2 |
幼儿园里 朋友多。

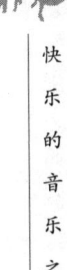

欣赏和回应孩子自发的艺术活动,忠实地"扮演"好观众的角色,鼓励孩子敢于并乐于表达和表现。

宝宝上中班了。有一天,他回来兴高采烈地告诉我,钢琴能弹出很多好听的曲子,还可以跟着唱歌。于是爸爸买回了钢琴,宝宝高兴极了。

哇,太好了,这是我的钢琴,我可以学唱好多好听的歌了。

宝宝学会了还可以教妈妈弹,教妈妈唱哦。

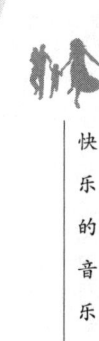

快乐的音乐之旅

135

嗯,我是妈妈的"超级音乐盒"。

根据孩子的兴趣,创造机会和条件,提供物质与空间,支持孩子的艺术表现。

宝宝学琴后,进步很大。他还主动当起了小老师,教我弹钢琴。

宝宝是个耐心的小老师，不停地告诉我手指应该怎么弹。

妈妈,手像握个小苹果,手指头用力地弹下去。

是这样吗?谢谢我的宝宝,谢谢我的小老师。

(唱) 1 2 | 3 4 | 5 - ‖

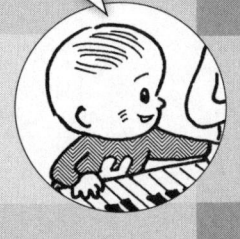

(唱) 1 2 | 3 4 | 5 - ‖

让孩子当小老师,既达到了练琴的目的,又可以提高孩子学琴的兴趣,增强他的自信心。

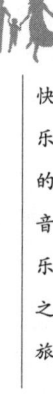

快乐的音乐之旅

自由的涂鸦世界

色彩的世界

周末,我带着宝宝到附近的公园走走。

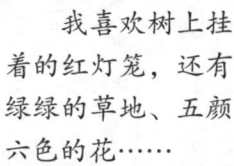
妈妈,公园真漂亮,我喜欢来这儿玩。

你觉得哪里最美呀?

我喜欢树上挂着的红灯笼,还有绿绿的草地、五颜六色的花……

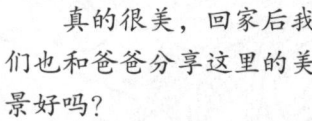
真的很美,回家后我们也和爸爸分享这里的美景好吗?

好,我用相机拍下来,回家给爸爸看。

自由的涂鸦世界

鼓励孩子多参与户外活动,和孩子一起感受、发现和欣赏大自然的绚丽多姿。

宝宝对公园里花草树木的颜色很感兴趣,回到家,我们用蔬果颜色玩起了猜谜游戏。

宝宝,我们来玩猜谜游戏,妈妈说颜色,你猜猜是什么蔬菜,好吗?

好啊!猜对了加10分,看谁是冠军!

"脸蛋红彤彤,戴着绿发卡"是谁?

哈哈,是西红柿!

回答正确,加10分!

妈妈,你猜"脱掉绿衣裳,粒粒黄珠子"是谁?

是玉米吗?

妈妈回答正确,也加10分!

自由的涂鸦世界

生活处处有艺术。可以通过生活中常见的蔬果认识颜色,制作"蔬菜娃娃",参与蔬菜拓印游戏,这些都能加深孩子对色彩的认识。

宝宝对颜色有一定的认识后,我们一起试着混合颜色,看看颜色的变化。

宝宝，颜色不仅可以玩猜谜游戏，还可以变魔术呢！

是用这些透明的杯子变魔术吗？

是的。你看，黄色和红色混合在一起变成了什么颜色？

是橙色，橙子的颜色。那黄色和蓝色混合在一起会变出什么颜色呢？

你自己动手试试看吧！

随着年龄的增长，孩子对颜色的辨别能力逐渐增强，对混合色开始感兴趣。父母可以和孩子一起玩颜色，探索颜色变化的奥秘。

自由的涂鸦世界

宝宝对颜色越来越入迷，尝试用手印创作色彩斑斓的图画。

妈妈：宝宝，除了用杯子和颜料变魔术，宝宝的小手印也可以变魔术哟！

宝宝：那我先印一个黄色的小手印。妈妈，你看，像一片树叶。

妈妈：是的，像树叶，如果我们在这片树叶上画上圆眼睛、尖耳朵和胡须，你看它又变成了什么？

宝宝：哈哈，变成了小黄猫。

妈妈：宝宝，怎样让小手印变成一艘小船呢？

宝宝：妈妈，我来试试。加上桅杆和小旗，你看，小船变出来了！

妈妈：宝宝真棒！小手印还可以变哪些魔术呢？

鼓励孩子选择自己喜欢的色彩，用不同的表现手法大胆想象和实践，体验美术活动的乐趣。

自由的涂鸦世界

149

感受名画的艺术之美

家里的墙上挂了一幅山水画和一幅牡丹图。久而久之,宝宝开始注意到这些画。于是,我们有了关于"中国画"的话题。

妈妈，这个牡丹和我在电视上看到的为什么不一样呢？

宝宝，这是中国画《牡丹图》，是画家画出来的。

自由的涂鸦世界

151

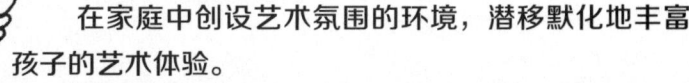

在家庭中创设艺术氛围的环境，潜移默化地丰富孩子的艺术体验。

宝宝对中国画很感兴趣。我特意找出中国画画册和宝宝一起翻看。

宝宝看到齐白石画的虾,觉得有趣极了。于是,我给宝宝讲述了齐白石画虾、李可染画牛的故事,他被深深地吸引住了。

哇,我好喜欢那只虾,像真的一样,好想吃掉它!咦,那个小孩为什么趴在牛背上?

这是齐白石老先生画的《虾图》。这是李可染老先生画的牛……

哇,好厉害啊,这些画也好好玩哦!

父母可以让孩子了解艺术家怎样在绘画中表现自己的内心感受,引导孩子对社会生活中有趣的事物和艺术作品进行欣赏、感受,获得内在体验,并吸收和拓展相关经验,积累视觉语言和符号经验。

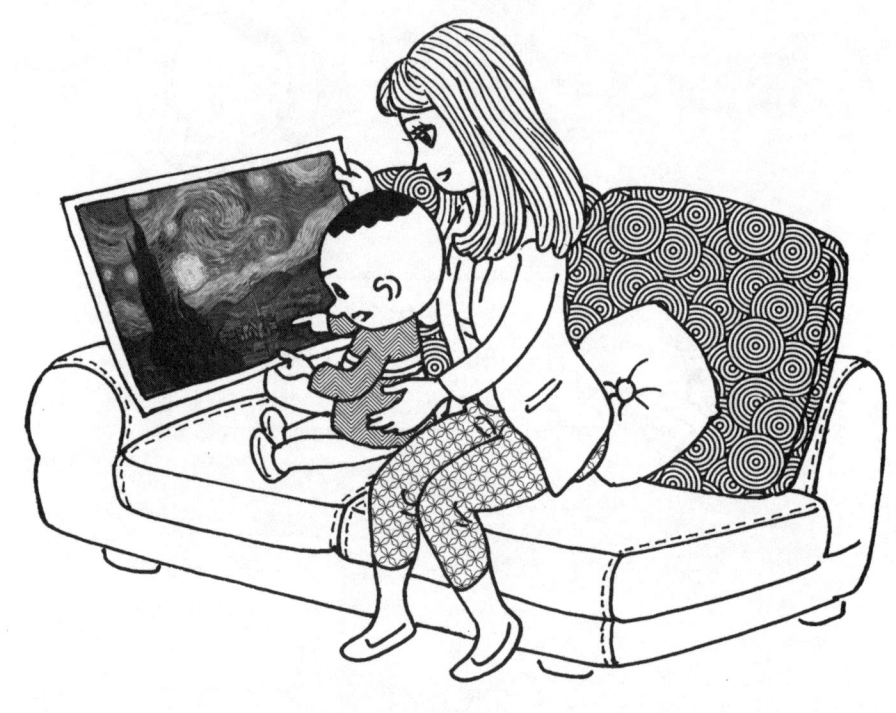

在这之后,我给宝宝订阅了很多关于美术的图书,还常常带宝宝去美术馆欣赏不同类型的画家作品。

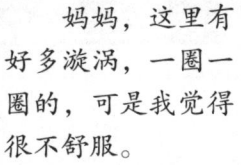
妈妈,这里有好多漩涡,一圈一圈的,可是我觉得很不舒服。

为什么觉得不舒服呢?

因为这里有好多灰色的颜料,让我觉得冷冷的,不舒服。为什么呢?

那我们一起上网找找原因吧。

自由的涂鸦世界

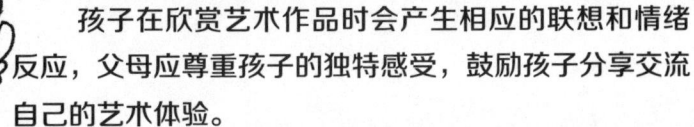
孩子在欣赏艺术作品时会产生相应的联想和情绪反应,父母应尊重孩子的独特感受,鼓励孩子分享交流自己的艺术体验。

畅想星空

美术馆经常会举办画展，有空的时候我都会带上妞妞一起去看看画家们的作品。有一次，画展上展出了梵·高的作品《星空》。

在欣赏作品时,妞妞总会提出自己的疑问,我也会和她分享这些作品的信息。

妈妈,这幅画是谁画的呀?

这幅画的名称是《星空》,是荷兰画家梵·高的作品。

妈妈,我发现他的这幅画有好多色彩和线条。

是啊,他喜欢用点和线条来画画,喜欢鲜艳的颜色。黄色表示星星在闪烁、发光。蓝色是主色调,蓝色和紫色一起表示他心情不好,很忧郁。

初步掌握美术欣赏方法,通过了解美术作品的题材、主题、形式、风格与流派,知道一些重要的美术家和美术作品,知道美术与生活、历史、文化的关系,学会从不同的角度欣赏美术作品,认识美术作品,逐步提高视觉感受、理解与评述的能力。

我鼓励妞妞用动作把她的感受表现出来。

从《星空》中，妞妞有自己的发现。

妈妈,我觉得他画的星星和我们画得不一样啊?

是啊!他画的是他心里想的星星和云。

妈妈,梵·高好厉害!我也要像梵·高那么会画画。

自由的涂鸦世界

兴趣是最好的老师。创造条件让孩子多接触各种艺术形式和作品,孩子就会逐渐对艺术产生浓厚的兴趣。

享受涂鸦的乐趣

每天晚饭后是我们一家三口的"涂鸦时光"。我们每人一张白纸,用自己喜欢的方式在白纸上涂涂画画,享受涂鸦的乐趣。

宝宝越画越起劲,生活中的废旧物品也成了他手中的画笔:牙刷、纸筒、玻璃球、钮扣、玩具……

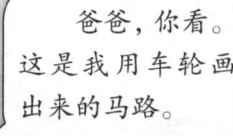

爸爸,你看。这是我用车轮画出来的马路。

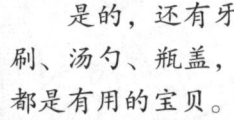

看来玩具也是你画画的好帮手。

是的,还有牙刷、汤勺、瓶盖,都是有用的宝贝。

自由的涂鸦世界

绘画探索表现的前提是让孩子直接接触与使用相关的操作材料,让孩子在尝试的过程中发现和了解有关材料的特性和一定的操作技法。父母一边提供丰富的材料,一边给孩子一个自主探索的时间和空间,支持孩子的涂鸦创作,保护孩子探究与发现的欲望和审美能力。

宝宝渐渐长大了,越来越喜欢涂鸦,也越来越喜欢用颜料涂鸦,经常边唱边画,乐在其中。

不久,我们在宝宝的房间里装上了"涂鸦墙"。这样,宝宝的涂鸦热情更高了。

爸爸,我要画上红色、绿色、紫色……画上好多好多的颜色,像彩虹一样。

我来画上熊爸爸、熊妈妈、熊宝宝……

那我就画上月亮、星星……

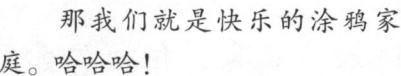

那我们就是快乐的涂鸦家庭。哈哈哈!

父母可以创设属于孩子的艺术表现空间,融入孩子的世界,与孩子一起大胆想象、大胆表现,提高孩子的兴趣与自信。

自由的涂鸦世界

173

奇妙的蓝色

　　3岁的儿子进入涂鸦期,但他偏爱蓝色,每天都拿起蓝色画笔在画纸上乱涂乱画,深深浅浅的蓝色占据了整个画面。这让我感到很困惑。

这个困惑让我感到不安。于是我尝试用各种方法来淡化儿子对蓝色的喜爱,但效果都不大,儿子依然独爱蓝色。

自由的涂鸦世界

177

法国现代画家伊夫克莱因认为,只有在色彩深处才可以得到真正的自由。蓝色可以使人得到精神上的无限自由,不代表任何物质。正是这种看法才让我释怀。

我们小区的房子都是一样的？怎么把我们的房子变得更特别呢？

我们可以在房子外面装上通向月亮的电梯……

嗯，你的想法真不错。

自由的涂鸦世界

艺术本身就是随性、随心而行的，父母应尊重孩子的艺术行为。

现在，当我看到他还是用整片的蓝色填充画面时，我不再干涉，而更注重看他的构图与创意。

妈妈,你会不会觉得全部都是蓝色不好看?

不会,妈妈觉得越看越好看。快跟妈妈说说你的画吧。

这里是小鸟的家,小鸟一家人都住在这里。

自由的涂鸦世界

艺术没有特定的标准,也没有唯一的答案,父母应了解和倾听孩子艺术表现的想法,领会并尊重孩子的创作意图。

艺术游戏真有趣

随着孩子年龄的增长,简单的家庭活动渐渐满足不了孩子的求知欲。因此,平常我会让孩子多参与社会上的艺术活动。一次偶然的机会,我们参加了一个免费的母亲节陶艺活动。

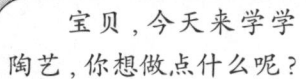

宝贝,今天来学学陶艺,你想做点什么呢?

我想用粘土贴画来做一只蝴蝶妈妈和一只蝴蝶宝宝,做好了送给妈妈作母亲节礼物。

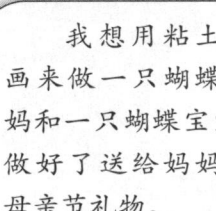

哇!妈妈好期待啊!

自由的涂鸦世界

每一次的艺术制作对孩子而言都是有趣的游戏,鼓励孩子多参与各种艺术活动,可以丰富孩子的学习经验。

除了粘土贴画活动,在艺术中心老师的介绍下,我们还接触了布扎染画,宝贝也十分喜欢。

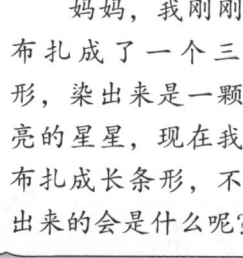

妈妈，我刚刚把布扎成了一个三角形，染出来是一颗漂亮的星星，现在我把布扎成长条形，不知出来的会是什么呢？

宝贝，你已经尝试了不同的扎法，可以试着再加上不同的色彩，出来的效果可能会更好哦。

嗯！好多美美的颜色，我好喜欢这幅扎染作品。

宝贝，你太棒了。我们可以把它挂在家里，装饰一下我们的家。

自由的涂鸦世界

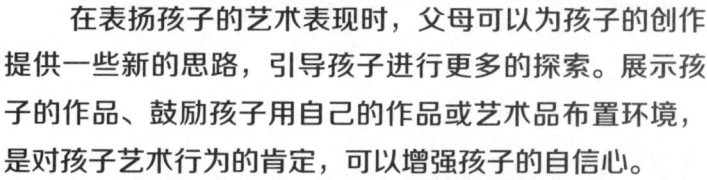

在表扬孩子的艺术表现时，父母可以为孩子的创作提供一些新的思路，引导孩子进行更多的探索。展示孩子的作品、鼓励孩子用自己的作品或艺术品布置环境，是对孩子艺术行为的肯定，可以增强孩子的自信心。

宝贝还参加了制作丝网花的活动。她一步步体验从无到有,在艺术的海洋里获得了成功的花朵。

沙画活动也是宝贝很喜欢的一项活动,因为她觉得这像魔术师变魔术一样。

"这些颜料很特别啊,好像是沙子,这是做什么的呢?"

"这些是制作沙画用的,就像这样,先在画上涂点胶水,再选择你喜欢的颜色撒在上面……"

"好神奇啊!把沙子撒一撒,这个小女孩就穿上了漂亮的裙子。妈妈,我像个魔术师一样。"

自由的涂鸦世界

189

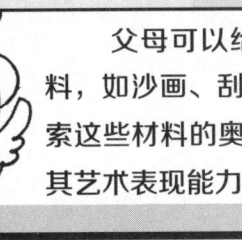

父母可以给孩子提供越来越丰富的艺术创作材料,如沙画、刮画纸、扯线人偶等,并和孩子一起探索这些材料的奥秘,从而丰富孩子的艺术经验,提升其艺术表现能力。

小小蛋糕师

宝宝放学回家的路上,我们经过一家蛋糕店,宝宝嚷着要进去看看。

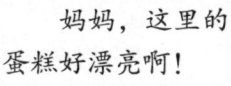

妈妈,这里的蛋糕好漂亮啊!

你觉得蛋糕哪里漂亮呢?

它们的颜色很美,还有各种各样的形状。

宝宝,你发现了吗?这些颜色和形状不是随意凑在一起的,它们的排列很有规律。

对,它们是有间隔的,凑在一起组成了漂亮的花纹和图案。

生活中蕴含着许多美的元素,漂亮的服装、美丽的蛋糕、可口的糖果……父母应有意识地引导孩子认真观察事物的特征,尝试用自己的语言、动作等描述事物美的地方。

从蛋糕店回到家,宝宝兴致极高地要设计自己喜欢的蛋糕。

妈妈,我要画个圆形的双层葡萄蛋糕。

听起来很诱人哦,你的蛋糕有哪些形状呢?

有一大一小的两个圆形,还有长方形的巧克力、椭圆形的葡萄……

你希望这个蛋糕有哪些颜色呢?

我喜欢粉红色的花纹、白色的巧克力、紫红色的葡萄……

那我们一起画这个圆形的双层葡萄蛋糕好吗?

好,一定很美味!

自由的涂鸦世界

引导孩子在绘画中大胆运用各种形状、颜色完成作品。

画完蛋糕后，宝宝想做一个真正的蛋糕。于是，到了周末，我们一起动手制作美味的蛋糕。

妈妈,我在蛋糕店里看到三角形的蛋糕,好特别。我们做三角形的蛋糕,好不好?

好的!但是三角形的蛋糕要有个三角形的底座,你可以帮妈妈用纸围一个三角形的底座吗?

可以啊。妈妈,是不是做圆形的蛋糕就要围个圆形的底座,做正方形的蛋糕就要围个正方形的底座呢?

对啊,宝宝真聪明!

自由的涂鸦世界

提供条件让孩子亲手制作蛋糕,不但支持了孩子的奇思妙想,而且让孩子了解操作的基本原理,丰富了孩子的生活经验。

除了用新鲜食材做蛋糕，宝宝还想出了用橡皮泥做蛋糕的办法，打算布置一个蛋糕展示台。

宝宝,用新鲜食材制作的蛋糕保质期短,有什么办法能让蛋糕保存得更久,让小伙伴们慢慢欣赏呢?

那我们用橡皮泥做蛋糕吧。橡皮泥软软的,可以捏成各种形状,颜色多,还可以放很久。

好,如果做了很多蛋糕,有什么方法可以方便小伙伴们欣赏呢?

妈妈,家里有一些饼干盒、小纸盒,我们把它们搭个小台子,把橡皮泥蛋糕放上去展示吧!

宝宝的办法真好!

鼓励孩子积极动手动脑,为自己的作品展示做准备,体验成功的喜悦,收获自信。